AF535893

Heiner Meyer

Darmstadt

in den 50er- und 60er-Jahren

Wartberg Verlag

Bildnachweis
Alle Bilder von Heiner Meyer mit Ausnahme der Umschlagrückseite von Werner Müller-Gall.

1. Auflage 2022

Layout und Satz: Christiane Zay, Potsdam
Druck: Rindt-Druck, Fulda
Buchbinderische Verarbeitung: Buchbinderei S. R. Büge, Celle

34281 Gudensberg-Gleichen, Im Wiesental 1
Telefon: (0 56 03) 930 50
www.wartberg-verlag.de
ISBN 978-3-8313-3350-9

Inhalt

Einleitung

Für vieles im Leben gibt es ein erstes Mal, an das man sich mehr oder weniger erinnert – sei es der erste Kuss, die erste Liebe oder der erste Schultag.

Das erste Mal, dass ich auf den Auslöser einer Kamera drückte, ist mir jedenfalls noch sehr gut in Erinnerung: Mein Vetter Werner kam mit dem Fahrrad aus Pirmasens für einige Tag zu Besuch nach Darmstadt. Es war im Juni 1953.

Wir fuhren an den Rhein bei Gernsheim, und er hatte eine einfache Agfa-Box dabei, die damals keine 8 Mark gekostet hat und mit Rollfilm geladen werden musste. Sie war aus Blech gefertigt und hatte nur eine Verschlusszeit. Man löste aus, indem man einen kleinen Hebel nach unten drückte (das entsprach etwa 1/25 Sekunde). Bei sehr starker Sonne konnte man einen Schieber herausziehen, sodass durch ein kleineres Loch die Belichtung erfolgte, also weniger Licht auf den Film fiel. Außerdem konnte man „nach/auf Zeit" belichten. Einen Blitzlichtanschluss gab es nicht, aber zwei Stativgewinde – eines für das Quer- und eines für das Hochformat, denn die Box hatte das Format 6x9 cm. Der Transport des Films geschah durch das Weiterdrehen an einer Art Knebel, bis in dem kleinen, runden und rot hinterlegten Fenster die nächste Bildzahl erschien.

Am Rhein angekommen, hatte Werner die Idee, dass wir uns gegenseitig fotografierten. Er stellte sich hierzu auf einer Lore in Positur, ich setzte mich aufs Rad.

Heiner Meyer (links) und sein Vetter Werner fotografierten sich 1953 gegenseitig.

Das Knipsen mit dieser Kamera war nicht so einfach wie mit den heutigen modernen Kameras mit vollautomatischem Filmtransport oder Spiegelreflex, wenn das Suchbild identisch mit dem späteren Foto ist. Die Box musste etwa auf Bauchhöhe leicht an den Körper gedrückt werden. Mit dem Ausatmen sollte der Auslösehebel niedergedrückt werden. Dabei war das Bildmotiv nur winzig klein im Suchfenster zu sehen.

Am nächsten Tag knipsten wir im Prinz-Emil-Garten (wir wohnten gegenüber in der Ahastraße) Familienmotive, bis der Film voll war.

Welch eine Überraschung war es, als mir Werner vor seiner Rückfahrt die Kamera schenkte! In den folgenden vier Jahren knipste ich ab und zu damit. Meine Mutter nahm sie 1954 mit auf die Insel Baltrum, als sie mit meiner älteren Schwester Hilde dort Urlaub machte.

Bei meiner ersten großen Radtour im darauffolgenden Jahr, ebenfalls nach Baltrum, besuchte ich bei Detmold im Teutoburger Wald das Hermannsdenkmal. Es regnete in Strömen. Da ich aber dennoch ein Erinnerungsfoto machen wollte, fotografierte ich das Denkmal aus dem Regenumhang heraus. Dabei konnte ich die Bemerkung eines etwa Gleichaltrigen nicht überhören, der sich gegenüber seinem Freund darüber ausließ, dass ich bei d i e s e m Wetter mit der Box knipsen wollte. Das irritierte mich so sehr, dass ich in der Eile das hoch aufgerichtete Schwert des Cheruskerfürsten nicht ganz aufs Bild bekam. Es ist mir aber trotzdem heute noch eine liebe Erinnerung.

Die Box war eher eine „Schönwetterkamera“. Bei meinen ersten Filmen ging vieles daneben, denn ich probierte allerhand aus. Bei schlechtem Wetter konnte nichts gelingen. Ich machte Doppel- und Dreifachbelichtungen, sodass mir Foto-Launer riet, doch mal mit der Kamera zu kommen – er würde sie mir erklären. Aber ich wusste ja, wo meine Fehler lagen.

Selbstporträt, 1959

Darmstädter Echo

VERLAG UND DRUCKEREI GMBH

(16) DARMSTADT, HOLZHOFALLEE 25-31

Herrn
Gg.Hch.Meyer

16) Darmstadt
Ahastr.22

HONORAR-ABRECHNUNG MONAT September 1957

Zu überweisen auf:

Bankkonto: Postscheckkonto:

Tag	Nr.	Artikel	Zeilen	Zeilenpreis Pfg.	Gesamt DM	Gesamt Pfg.
4.	204	Foto: 3 x durch die Stadt.....			25.	--
1o.	2o9	" 2 x durch die Stadt.....			15.	--
					40	-

Honorarrechnung für meine erste Veröffentlichung im Echo, 1957

Für meine Radtour durch die Eifel im August 1957 kaufte ich bei Foto-Hauschildt eine bessere Kamera, eine Akarelle, die in Friedrichshafen am Bodensee gebaut wurde. Sie kostete stolze 150,00 DM und ist schon lange nicht mehr erhältlich.
Durch meine berufliche Tätigkeit als Verwaltungsangestellter im Darmstädter Polizeipräsidium, die ich Anfang Oktober 1957 als 20-Jähriger aufnahm (mit Schichtarbeit in der Nachrichtenabteilung), konnte ich an den auf eine Schicht folgenden Tagen meine Freizeit mit der Kamera im Stadtgebiet und dem näheren Umland verbringen. Dabei entstand manche Aufnahme, die im Darmstädter Echo oder dem Darmstädter Tagblatt veröffentlicht wurde.

Manches Motiv aus der damaligen Zeit fand Eingang in dieses Buch, wobei ich damals meistens das Aufnahmedatum mit Tages-/Uhrzeit notiert hatte und in die Negativ-Filmtasche übertragen konnte.

Vorwort

„Noch ein Darmstadt-Bildband?“, fragt sich der geneigte Leser.
Doch dies ist ein ganz persönliches Buch, ohne sensationelle Fotos, vielleicht die eine oder andere ungewohnte Perspektive. Ich erhebe auch keinen Anspruch, ein lückenloser Chronist unserer Stadt zu sein. Besonders eifrig war ich aber vor und kurz nach 1960 mit dem Fahrrad und der Kamera in und um Darmstadt unterwegs.

Einige Bilder wurden im Darmstädter Echo, Tagblatt oder dem Wochenblatt-Vorgänger, dem Darmstädter Wochenspiegel, veröffentlicht. Die meisten Bilder jedoch sind bisher unveröffentlicht.

Die Idee zu diesem Buch hat mit einem Foto zu tun, das ich am 29. Februar 1960 im Herrngarten machte. Es war Faschingsdienstag, und ich wollte an diesem Tag eigentlich nur den „Riwwelmaddhes“ (Veteranendenkmal) für eine Zeitungsserie fotografieren. Doch dann traf ich am Fuße des Denkmals elf als Cowboys verkleidete Buben, die dort mit ihren Spielzeugpistolen spielten. Ich bat sie, sich aufzustellen, machte die Aufnahme ... und vergaß sie.

Über 30 Jahre später, am 13. Februar 1993, fiel mir das Bild wieder in die Hände und erschien schließlich im Darmstädter Echo mit der Bitte, wer sich erkennt, möge sich melden. Und tatsächlich trafen sich am Faschingsdienstag 1993 alle bis auf einen am Veteranendenkmal im Herrngarten, um über die alten Zeiten zu plaudern. Ganz erstaunlich waren die Entwicklungen, die diese „Cowboys“ von damals genommen hatten.

Danach reifte in mir die Idee, weiter in den alten Motiven zu kramen, um nicht nur die Veränderungen der Menschen, sondern auch des Stadtbildes zu untersuchen, das ich vor über 60 Jahren fotografierte. Gern nehme ich Sie, liebe Leserinnen und Leser, mit auf diese Reise in die 50er- und 60er-Jahre in Darmstadt.

Und wer weiß, vielleicht entdeckt sich heute wieder der eine oder andere damalige Knirps und er freut sich an seinem (Kinder-)Bild. Darüber würde auch ich mich sehr freuen!

Aus dem Darmstädter Alltag

Vom verschnörkelten Türoberlicht des Regierungspräsidiums am Luisenplatz nahm ich am 26. November 1959 um die Mittagszeit den „Langen Ludwig" auf.

Dieses Bild vom 25. Februar 1958 von Kanalbauarbeiten im Rüthleinweg, einem Seitengässchen der Jahnstraße unweit der Pauluskirche, war mein erstes selbst entwickeltes Foto. Ich hatte noch keine Ahnung, wie die Belichtungsdauer vom Vergrößerungsgerät oder die Entwicklungsdauer im Entwickler sein mussten. So ging die erste Belichtung auf Fotopapier total daneben. Nach einigen Proben mit kleinen Fotopapierstreifen kam ich schließlich auf die richtige Belichtungszeit.

Im Mai 1959: Um die üppig blühenden Anemonen im Wald am Steinbrücker Teich richtig ins Bild zu bekommen, bat ich einen zufällig vorbeikommenden Spaziergänger, mich mit einer zweiten Kamera inmitten der Blütenpracht zu fotografieren.

„Der Storch ist da!" Schnell machte diese Kunde die Runde im nördlichen Stadtteil Arheilgen. Umringt von vielen Passanten, machte ich die Aufnahme im Februar 1958. Es war seinerzeit der einzige noch brütende Weißstorch weit und breit.

In der ausklingenden Zeit der Dampflokomotiven erwischte ich diesen Güterzug auf dem Weg nach Süden, als er 1959 unter der Straßenbrücke zur Heimstätten-Siedlung hindurchfuhr.

Das Modell einer Dampflok der Baureihe 01 im Darmstädter Hauptbahnhof, aufgenommen 1959, wurde von Lehrlingen der Lehrlingswerkstatt des Ausbesserungswerks in den Jahren 1934 bis 1938 gebaut. Heute steht sie unter einer Plexiglasröhre, dreht aber nach dem Einwurf einer Münze immer noch ihre Räder.

Im April 1960 war der Bahnsteigkartenautomat noch mit „Reichspfennigen" beschriftet, und das genau 15 Jahre nach Kriegsende und zwölf Jahre nach Einführung der D-Mark.

Die Autobahn 5 verliert sich im Novembernebel 1958. Das damals noch nicht sehr große Autobahnnetz, noch ohne Leitplanken, bewältigte den bescheidenen Verkehr mühelos.

Obwohl es eigentlich verboten war, standen in den 50er-Jahren gern Anhalter an der Autobahnauffahrt. Diese beiden hier sah ich im März 1958.

Am Steinbrücker Teich ging es im April 1958 gemächlich zu: Ob der einsame Angler etwas gefangen hat, habe ich nicht erfahren.

Der Steinbrücker Teich war schon immer ein beliebtes Ausflugsziel. Ich selbst fütterte schon vor 1940 zusammen mit meinem Vater hier die Schwäne. Dieses Bild entstand im August 1957.
Das Odenwaldhaus ist vom Teich aus schon lange nicht mehr zu sehen, zu sehr hat sich die Vegetation ausgebreitet.

Im März 1961 liegen gefällte Bäume am Ufer des Steinbrücker Teichs. Das Mädchen genießt die Vorfrühlingssonne.

Umweltsünder gab es vor über 60 Jahren auch schon. Im Wald in der Nähe des Bessunger Forsthauses hat jemand zwischen zwei Bänken ein altes Sofa entsorgt.

Die Natur im Automaten gab es 1959 im ersten Blumenautomaten am Alten Friedhof an der Nieder-Ramstädter Straße. So konnte man noch nach Ladenschluss einen Blumenstrauß fürs Grab bekommen.

Deutsche Sprache, schwere Sprache: Fehlerhafter Filmtitel am Roxy-Kino in der Grafenstraße, das vor allem für seine Western-Filme und Filme der beginnenden Sex-Welle bekannt war.

In der Orangerieallee hat man sich beim Hinweis auf die Imbissstube mal eben ein „s" gespart.

Auch auf der Hinweistafel eines amerikanischen Schießstands im Wald hinter der Heimstättensiedlung war man sparsam mit dem Buchstaben „s".

Ein Schild der anderen Art weist unmissverständlich darauf hin, dass das Betreten des Rasens nicht erwünscht ist.

Und auch „Schmierfinken" gab's schon damals vor 60 Jahren. Ein solcher, allerdings mit künstlerischer Ader, hatte 1959 die Schaufensterscheibe eines Geschäfts hinter dem Alten Rathaus bemalt.

Und auch das gab es: Ein Schild, das der sowjetischen Militärverbindungsmisson die Durchfahrt verbot. Grund war das amerikanische Armeegelände, das sich hinter dem kleinen Flughafen in der St. Stephan-Siedlung befand.

Aussichtsturm am kleinen Flughafen von St. Stephan: Hier befand sich die Redaktion der amerikanischen Soldatenzeitung „Stars and Stripes", die in alle Teile der Welt versandt wurde, wo amerikanische Soldaten stationiert waren.

Das amerikanische Militär war auch sonst im Stadtbild präsent, wenn zum Beispiel Manöverfahrzeuge durch die Stadt fuhren, wie hier Panzer an der Ecke Heidelberger- und Heinrichstraße im Februar 1958. Im Hintergrund ist noch die Ruine der Kavalleriekaserne am Marienplatz zu sehen.

Als wir am 22. November 1963 aus der Abendvorstellung des Belida-Kinos kamen, sahen wir die Überschrift in einem Extrablatt unserer Zeitung „Kennedy ermordet!". Stumm vor Entsetzen traten wir unseren Heimweg an.
Ein gutes Jahr später stellt man im Darmstädter Amerikahaus diese Büste John F. Kennedys auf, die einzige, die zu seinen Lebzeiten geschaffen worden war.

Abendliche Herbstmesse 1967 auf dem Marienplatz, der nun schon seit vielen Jahren brach liegt. Einst ein mit Schlaglöchern übersäter Parkplatz, liegt seine Bebauung noch in weiter Ferne.

Was gibt's Neues? Interessierte Zeitungsleser fanden am Schaufenster des Darmstäter Tagblatts in der Rheinstraße darauf eine Antwort.

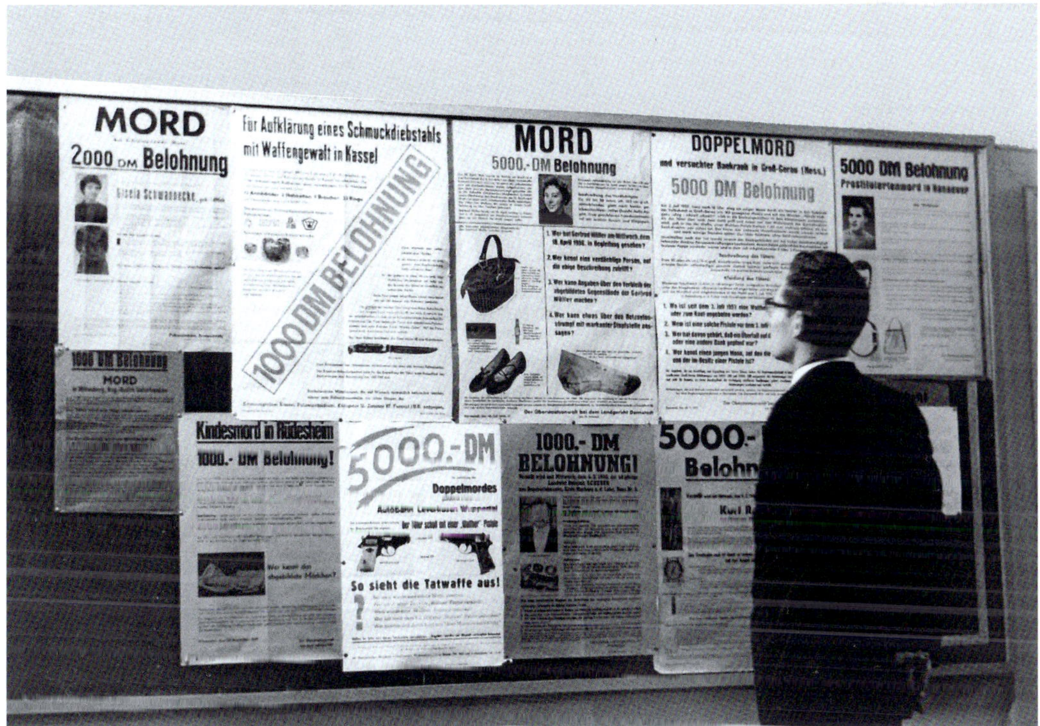

Mord – Mord – Doppelmord – lauten die Überschriften am Schwarzen Brett des alten Polizeipräsidiums in der Nieder-Ramstädter Straße, die ich hier während meiner Nachtschicht um 0.15 Uhr las – fotografiert im Oktober 1960 per Selbstauslöser.

Aprilschnee ist in unseren Breiten schon etwas Besonderes: Am 11. April 1977 melden die Eberstädter Streuobstwiesen 5 cm Neuschnee.

Über zehn Jahre zuvor, am 10. April 1958, gab es dichtes Schneetreiben in Darmstadt. Das Verkehrsschild an der Ecke Luisenstraße/ Zeughausstraße ist schon nicht mehr zu erkennen.

Während eines Schneespaziergangs im Dezember 1966 durch den Wald auf der Ludwigshöhe kam mir eine Idee ...

... Würde es mir gelingen, einen Schneeball in den 29 Meter hohen Ludwigshöhturm zu werfen? Der Schnee ließ sich wunderbar ballen und ich tastete mich mit meinen Würfen immer weiter empor – die Abdrücke am Turm sind meine Zeugen. Mein letzter Schneeball erreichte knapp den unteren Rand. Danach gab ich auf.

In der Luisenstraße teilen sich am gleichen Tag zwei ältere Damen einen Schirm gegen den Schneeschauer.

Da sage einer, nur Frauen könnten tratschen! Im März 1958 „belauschte" ich mit meiner Kamera diese beiden Herren bei ihrem intensiven Gespräch zwischen Henschel & Ropertz, Kaufhof und Weißem Turm.

Als ich eines Aprilnachmittags 1958 durch die Michaelisstraße radelte, sah ich diesen Mann, stellt mein Rad am Zaun ab, der das Gelände der Starkenburgkaserne umgab. Ich ging zu ihm hin und fragte, ob ich ein Foto machen dürfte, was er mir lächelnd erlaubte.

Alte Menschen sind immer ein dankbares Motiv, wie dieser Mann, den ich im Januar 1958 an der „Gichtmauer" in Richtung Steinbrücker Teich traf.

Die große Wiese im Prinz-Emil-Garten vor dem Nachbarschaftsheim, von uns Darmstädtern liebevoll „Prinz-Emil-Schlösschen" genannt, wurde 1957 von Hand gerecht.

Zu Beginn des Frühlings 1960 genießen Senioren die Sonne vor dem Nachbarschaftsheim.

Arbeitswelten

Daran erinnert sich kaum noch jemand: Früher gab es öffentliche Versteigerungen, wie hier im Hof eines Hauses in der Beckstraße, wo im Februar 1961 Hausrat für wenig Geld einen neuen Besitzer fand.

Lustig flattert 1959 die Wäsche auf den Leinen im Hinterhof. Es war ein Montag im April, und montags war generell Waschtag bei den Hausfrauen der 50er-Jahre. Gewaschen wurde damals noch von Hand, Waschmaschinen kamen erst später in die Haushalte.

Diesen „Strippenzieher" auf dem Gelände des Güterbahnhofs fotografierte ich im Februar 1958. Er musste damals mit Steigeisen an den Schuhen den Mast hinaufklettern, um seine Arbeit zu verrichten.

Und noch ein „Artist des Alltags": Hier wurde 1958 an einem Gebäude der TH in der Magdalenenstraße über eine außergewöhnlich lange Leiter auf dem Dach gearbeitet.

Elegant balanciert der Schornsteinfeger mit Zylinder auf dem Dachfirst des Nachbarhauses – fotografiert im Oktober 1969 durch ein Fenster meiner Wohnung in der Ahastraße.

Ebenfalls aus meinem Fenster heraus entstand dieses Foto von Dachdeckerarbeiten am Hinterhaus. Die Dachziegel fliegen von Hand zu Hand, ohne jede Sicherheitsvorkehrungen – heute undenkbar!

Schrott und Altmetall waren für einige eine willkommene Einnahmequelle. Andere waren froh, wenn jemand den Sperrmüll abholte, denn eine städtisch organisierte Abholung gab es 1958, als dieses Foto entstand, noch nicht.

Die Männer von der Müllabfuhr hatten schon immer Schwerarbeit zu leisten, wie hier im August 1962 ...

... Da darf man sich auch mal eine Vesperpause gönnen, sagten sich die vier und legten einfach einige Mülltonnen um, um sich darauf auszuruhen.

Der Geldbriefträger war 1957 in der Goethestraße mit dem Fahrrad unterwegs.

Schon im Sommer an den nächsten Winter denken: Es war schon eine Schinderei, die schweren Kohlensäcke über die oft engen Treppen in die Keller zu schleppen. Die Aufnahme entstand im Juni 1965.

Bescherung der Darmstädter Verkehrspolizei an Heiligabend 1958, Ecke Rhein- und Neckarstraße. Viele Autofahrer drückten so ihren Dank aus, dass sie vom „Mann in der Tonne" sicher über die Kreuzung gelotst werden.

Winterlicher Ausritte der Polizei in der unteren Landskronstraße (später Rüdesheimer Straße) im Februar 1958. Die Pferdestaffel wurde 2004 aufgelöst, das Kleingartengelände später bebaut.

Was machte der Mann 1958 im Briefkasten? Die Leerungszeiten mussten umgestellt werden. Dazu schraubte er von innen die Platte los. Sein Kollege hielt die Einwurfklappe hoch, damit ein wenig Licht ins Dunkel kam.

1959 lief diese Kehrmaschine zur Probe in Bessungen, um festzustellen, ob sie in der Stadt eingesetzt werden könnte. Zwei städtische Bedienstete begleiteten das Fahrzeug zu Fuß.

Schon vor über 60 Jahren bat die Stadt mit diesem gereimten Spruch auf der Kehrmaschine die Bürger um mehr Sauberkeit.

Die Kartoffeln kamen 1961 aus dem Ried. Die ganze Fuhre, 20 Zentner waren es, war für die beiden Hausnummern 20 und 22 in der Ahastraße bestimmt.

Regelmäßig kamen die Obst- und Gemüsewagen aus dem Umland in die Stadt, um die Bewohner direkt vor Ort mit frischen Lebensmitteln zu versorgen.

Alle Jahre wieder ... mussten die Platanen vor der Pauluskirche zurückgeschnitten werden. Was man den Lausbuben verbot, war den Männern erlaubt: auf Bäume zu klettern.

1957 wurde diese Kiefer noch in reiner Handarbeit gefällt. Es dauerte eine Ewigkeit, bis der Baum endlich fiel.

Ländliches Idyll am Rande der Orangerie in der unteren Jahnstraße 1958. Beim Bauern, dem auch der Leiterwagen gehörte, gab es Rosenkohl zu kaufen, wie die Aufschrift auf dem Hoftor verrät.

1960 fanden im Orangeriegarten aufwändige Gartengestaltungsarbeiten statt. Die neugierigen Jungs durften eine Runde auf dem Traktor mitfahren.

Was früher in harter Knochenarbeit mit vielen Erntehelfern bewerkstelligt werden musste, geschah im Juli 1959 bereits mit dem Mähdrescher auf dem Oberfeld im Osten der Stadt.

Bauboom in den 50er- und 60er-Jahren

In den 50er-Jahren wurde überall im Stadtgebiet gegraben, repariert, saniert und modernisiert. Im März 1957 fanden in der oberen Hermannstraße Kanalarbeiten statt. Rechts sieht man die damalige Akademie für Tonkunst.

Für das geplante Justus-Liebig-Haus mussten 1959 auf dem ehemaligen Altstadtgelände zunächst Grundwasserbohrungen durchgeführt werden. Im Hintergrund sieht man die noch nicht renovierte Stadtkirche.

Auch der Bedarf an Schulgebäuden war groß: In Eberstadt in der Nussbaumallee entstand Ende der 50er-Jahre die Ludwig-Schwamb-Schule.

Den Neubau der Georg-Büchner-Schule in der Nieder-Ramstädter Straße verfolge ich im Juni 1958.

In der Kirschenallee wurde 1957 dieses Haus renoviert, in dem sich heute eine Nebenstelle des Landesmuseums befindet, das „Haus für Industriekultur".

Der Kaufhof wurde 1965 in der Rheinstraße erweitert.

Anfang 1965 begann man, auf dem Gartengelände vor dem alten Polizeipräsidium ein „Studentendorf" zu errichten. Die Aufnahme entstand aus dem 1. Stock des Polizeipräsidiums mit Blick in Richtung Nieder-Ramstädter Straße.

Auch in der Wilhelminenstraße wird 1957 gebuddelt. Die dortigen Behelfsläden taten jahrelang ihren Dienst. Später mussten sie dem Bau des Luisencenters weichen, das den Platz am „Langen Ludwig" beherrscht.

Die Grünanlage an der Hindenburgstraße wird 1958 mit großem Aufwand in Schuss gebracht.

Der Wiederaufbau der Stiftskirche war 1957 in vollem Gang. Das Gotteshaus war 1892/93 nach den Plänen von Reinhard Klingelhöffer im neugotischen Stil errichtet worden, bevor es im Zweiten Weltkrieg zerstört wurde.

Großbaustelle Michaelisstraße 1957. Der Blick geht in Richtung der sog. „Sauställe“, den Wohnblocks für Bedürftige.

Interessiert beobachten die Anwohner die Bauarbeiten in der Michaelisstraße.

Die „Sauställe" in der Michaelisstraße wurden von der Stadt oft stiefmütterlich behandelt, was die Riesenpfütze beweist, die sich 1958 vor den Wohnblocks gebildet hatte.

1958 wurde der rechte Fahnenmast vor dem Museum mittels eines aufwändigen Gerüsts restauriert.

Der Museumsturm erhielt Ende 1958 schließlich wieder seine Haube. Heute ist er, grünspangrün, eines der Wahrzeichen in der Innenstadt.

Am 10. Dezember 1957 wurde dieses Haus an der Ecke Bessunger- und Niederstraße abgerissen. Die Frage, was hier wohl entstehen würde, war schon bald beantwortet: eine Filiale von Schade & Füllgrabe.

Am gleichen Tag fotografierte ich diese Ruine in der oberen Annastraße, die noch einige Jahre einen solch traurigen Anblick bot.

Rege Bautätigkeit auch in der Dieburger Straße, wo die Technische Hochschule einen Neubau errichtete.

Merck riss in der Frankfurter Straße erst einmal Altes ab.

Die Michaelskirche in der Liebfrauenstraße erhielt im Dezember 1959 ihren Glockenturm.

Im März 1960 war der Turm fertig. Mit der ungewöhnlichen Fassade wollte der Architekt Werner W. Naumann eine besondere Lichtwirkung erreichen.

Eines der ersten Hochhäuser in Darmstadt, das Mengler-Haus Ecke Rhein- und Neckarstraße, war 1967 noch im Bau. Der sprudelnde Brunnen befindet sich vor dem John-F.-Kennedy-Haus, vormals Amerika-Haus.

Arheilgen im Norden Darmstadts weitet sich aus. Die Felder wurden mit schmucken Einfamilienhäusern bebaut, 1962 noch größtenteils im Rohbau.

In Eberstadts Villenkolonie sollte eine Kirche errichtet werden. Als ich 1964 durch die Heinrich-Delp-Straße radelte, musste ich die eigenwillige Konstruktion der Canisius-Kirche fotografieren.

1967 war der Bauboom in Darmstadt noch in vollem Gang. Der Neubau mit der strahlend weißen Fassade im Groß-Gerauer Weg sollte später ein städtisches Amt aufnehmen.

Unsere Kindheit in Darmstadt

Am Fastnachtsdienstag 1958 wollte ich das Veteranendenkmal im Herrngarten, den „Riwwelmaddhes", wie die Darmstädter ihn liebevoll nennen, fotografieren, weil mir aufgefallen war, dass ihm ein Horn fehlte. ...

... Dabei entdeckte ich elf als Cowboys verkleidete Jungs, die um den Sockel des Denkmals herum spielten. Kurz entschlossen bat ich sie, sich für ein Foto aufzustellen.

Ein schönes „Spielzeug" haben sich diese vier Knirpse am Rande von Eberstadt Richtung Pfungstadt ausgesucht. Es war um die Mittagszeit im Juli 1958 und keine Arbeiter weit und breit. Da konnte man mal kräftig am Schwungrad der Straßenwalze drehen.

Den kleinen „Lehrer" fotografierte ich mit Teleobjektiv aus dem zweiten Stock unseres Hauses in den Hof im April 1958.

Die beiden Knirpse scheint der Aufbau des schönen alten Karussells nicht zu interessieren. Sie sahen lieber dem Autoscooter zu, der dann auf dem Eberstädter Ostermarkt am 2. April 1958 auf dem Marktplatz die Jugend begeistern sollte.

Die Kleine hingegen hat gern auf einem der Pferdchen des alten Karussells Platz genommen, um auf der Frühjahrsmesse im April 1958 eine Runde zu drehen.

Den Roller hatten die beiden Mädels unter der Rutschbahn abgestellt, als sie am 31. August 1957 – es war noch Badesaison – sehnsüchtig über den Woog blickten. Dieses Motiv war eines von meinen drei ersten Veröffentlichungen („Mit der Kamera durch die Stadt") im Echo am 4. September 1957.

Was gibt's Neues? Diese beiden Buben traf ich bei der Zeitungslektüre im März 1958 in der Unteren Niederstraße, die später in Ehretstraße umbenannt wurde.

Mit dem Finger auf der Landkarte sind wir in jungen Jahren in ferne Länder gereist. Den Globus hatte die Sparkasse am Luisenplatz eine Zeitlang in ihrer Schalterhalle aufgestellt. Die Aufnahme entstand im Oktober 1962.

„Die Kunst spielend begreifen" – fünf Knirpse haben sich im August 1962 das Kunstwerk von Walter Nass auf dem Woogsdamm als Spielplatz ausgesucht.

Diesen Spielplatz in der Edisonstraße der Sankt-Barbara-Siedlung hatten diese drei Kinder aus amerikanischen Offiziersfamilien im Februar 1958 ganz für sich allein.

Ein turbulentes Treiben herrscht auf dem Spielplatz auf dem Marienplatz im April 1958.

Generationen von Kindern und Jugendlichen turnten auf den beiden Löwen, geschaffen vom Bildhauer und Medailleur Heinrich Jobst, vor dem Museum herum. So auch diese beiden Mädchen an einem Nachmittag im März 1958. Der Museumsturm war zu dieser Zeit noch ohne Haube, die er erst im Dezember des Jahres erhielt.

Immer wieder bot sich in der Innenstadt die Gelegenheit für stimmungsvolle Fotos. So erwischte ich am Nachmittag des 20. Juli 1960 diesen reizvollen Sonnenreflex am Luisenplatz, als beide Brunnen noch nebeneinanderstanden.

Am Darmstädter Hauptbahnhof befand sich ein großes Löschwasserbecken, das noch aus der Vorkriegszeit stammte. Als ich im Februar 1958 vormittags dort vorbeikam, spielten gerade vier Buben darin. Jahre später stellte man eine hölzerne Postbaracke auf dieses Becken, die dann einem Parkplatz weichen musste.

Diese Mutter ist im März 1960 in der Bessunger Straße nahe der Bessunger Kirche unterwegs.

Der Orangeriegarten war schon immer ein gern aufgesuchter Ort. Diese beiden Frauen mit ihren Kindern fotografierte ich im März 1958.

Schneemännner waren schon immer beliebt: Hier mühen sich im Januar 1958 zwei amerikanische Kinder in der Lincoln-Siedlung mit einem großen Exemplar ab.

Staunend scheint dieser Junge vor dem eigenwillig gestalteten „Herrn in Weiß" vor der Russischen Kapelle auf der Mathildenhöhe zu stehen. Das Foto entstand im Februar 1958.

Beim ersten Schneefall wurden die Schlitten aus den Kellern geholt, die Kufen entrostet und ab ging's auf die Mathildenhöhe.

Auch im Prinz-Emil-Garten, von den Darmstädtern „Prinzert" genannt, gab es am Schlösschen einen beliebten Rodelhang.

Aber auch in Wixhausen, das damals noch eine eigenständige Gemeinde war und heute ein Stadtteil von Darmstadt, rodelten die Älteren am Bahndamm.

Mit dem Fotografen durch die Stadt

Hilfreiche Passanten waren schon immer beliebt, wenn der Wagen mal nicht ansprang und angeschoben wurden musste.

An der Straßenkreuzung Donnersbergring/Ahastraße standen eine Zeitlang diese beiden sich widersprechenden Verkehrszeichen. Zu gefährlichen Situationen kam es aber dennoch nicht, weil die noch wenigen Autofahrer offenbar aufmerksam waren.

Strahlende Weihnachtsbäume gehören in der Vorweihnachtszeit nun mal zum Stadtbild, wie hier der Baum auf dem Marktplatz mit den hell erleuchteten Schaufenstern von Henschel & Ropertz.

Auch das Schloss fotografierte ich nachts durch den Rundbogen des Alten Rathauses im September 1959.

Bei der Nachtaufnahme des Alten Rathauses, ebenfalls im September 1959, bestand die fotografische Herausforderung darin, dass der alte Marktbrunnen nicht die Fenster verdecken durfte.

Noch Ende der 50er-Jahre gab es viele Kriegsruinen in der Innenstadt, wie hier 1958 an der Ecke Elisabethen- und Wilhelminenstraße.

Dieses Tor auf der Rosenhöhe, das ich im März 1958 fotografierte, existiert noch immer, ist aber inzwischen schwer zu finden, weil es völlig zugewachsen ist.

Auch im Dezember 1966 war der Verkehr auf der Heidelberger Straße Richtung Eberstadt noch überschaubar.

Lausbubenstreiche, Teil 1: Gegen Mittag kam ich am 17. Februar 1958 am Einhorn an der Einmündung der Schul- in die Kirchstraße vorbei, um festzustellen, dass sich da wohl jemand einen Scherz mit einem alten Autoreifen erlaubt hatte.

Lausbubenstreiche, Teil 2: Am gleichen Tag fiel mir die kaputte Lampe im Orangeriegarten auf. Vielleicht das Ergebnis eines wilden Fußballspiels?

Lausbubenstreiche, Teil 3: Hier hat irgendein Spaßvogel die „7" geklaut, wie ich im Dezember 1960 am Beethoven Denkmal im Prinz-Emil-Garten feststellte.

Der Pädagog-Ruine verpasste ich 1959 durch meinen Standort als Fotograf eine Turmhaube, indem ich die genau dahinterstehende Stadtkirche entsprechend platzierte.

Die „Brücke", die im Orangeriegarten die Orangerie mit dem Nebengebäude verband, erlaubte den Theatermitarbeitern, trockenen Fußes von einem ins andere Gebäude zu gelangen. Die Orangerie war in der Nachkriegszeit Darmstadts einziges Theater mit Inszenierungen bekannter Regisseure.

Blick auf die „Brücke" aus der Gegenrichtung.

Nächtlicher Blick auf den „Zahnstocher" vor der Kirche St. Ludwig, wie die Darmstädter das Alice-Denkmal liebevoll nennen, entstanden im Januar 1965.

1958 ging der Verkehr noch rund um den „Langen Ludwig". Das Foto wurde aus einem oberen Stockwerk des Merck-Hauses im März 1958 aufgenommen. Der Blick geht nach Westen, die Rheinstraße hinunter Richtung Griesheim.

Als „Zwerg unter Riesentulpen" konnte man das Ludwigsmonument vor der Errichtung des Luisencenters 1959 aus der Froschperspektive fotografieren.

1967 sprudelte er noch: der Brunnen vom Bismarckdenkmal auf dem Ludwigsplatz mit Blick zum Weißen Turm.

Als ich den Brunnen vor dem westlichen Eingang des Darmstädter Hauptbahnhofs im Februar 1960 fotografierte, machte er einen recht trostlosen Eindruck. Heute ist er mit seinem Aufsatz ein wahres Schmuckstück.

An einem Spätnachmittag im Juli 1967 brannte in einem „Finger" des Hochzeitsturms auf der Mathildenhöhe ein Lichtlein.

Immer wieder schön ist der Blick vom Hochzeitsturm auf die Russische Kapelle mit dem Wasserbecken – hier im September 1957. Heute dürfen dort keine Autos mehr parken.

Im menschenleeren winterlichen Platanenhain auf der Mathildenhöhe im Januar 1958.

Der Hirsch vor dem Jagdschloss Kranichstein im Schneegewand, fotografiert im Januar 1958.

Das Geweih des Hirsches an der Gichtmauer wird vom Geäst im Hintergrund „verschluckt". Einst war er für Dreharbeiten für die Fernsehserie „Diese Drombuschs" gold-bronzen angestrichen worden.

Heute ist die Eschollmühle in Eberstadt von diesem Standpunkt aus nicht mehr zu sehen. Das Ackergelände, auf dem jetzt die Waldorfschule steht, ist gänzlich zugewachsen.

Recht trist sieht es damals, im Dezember 1958, am „Bessunger Leuchtturm" an der Kreuzung Karlstraße/Wittmannstraße und Heidweg aus.

Weitere Bücher über Ihre Stadt

Rainer Witt
Wenn's dreimal pfeift, gibt's Ärger Geschichten und Anekdoten aus Darmstadt
80 S., Hardcover
ISBN 978-3-8313-2121-6

Petra Neumann-Prystaj
Dunkle Geschichten aus Darmstadt
80 S., Hardcover
ISBN 978-3-8313-3233-5

Petra Neumann-Prystaj
Unsere Glücksmomente – Geschichten aus Darmstadt
80 S., Hardcover
ISBN 978-3-8313-3323-3

Claus Völker, Rainer Witt
Darmstadt gestern/heute
72 S., Hardcover,
zahlr. S/w- und Farbfotos
ISBN 978-3-8313-2241-1

Torsten Krüger, Petra Neumann-Prystaj
Darmstadt – Farbbildband
64 S., Hardcover, zahlr. Farbfotos
ISBN 978-3-8313-2766-9

Petra Neumann-Prystaj
100 Dinge über Darmstadt, die man wissen sollte
112 S., Hardcover, zahlr. Farbfotos
ISBN 978-3-8313-2911-3

Wartberg-Verlag GmbH
Im Wiesental 1 | 34281 Gudensberg
www.wartberg-verlag.de

Bücher für Deutschlands Städte und Regionen
Tel. 0 56 03-93 05 0
Fax 0 56 03-93 05 28